鬆鬆貓 SONG SONG MEOW

我聽不見我們之間只差一句晚安

SECOND——著

前言

「這本書想講的晚安，是一種夕陽的感覺，從淺藍色的憂傷，到粉紅色的喜歡。」

常常在想為什麼夕陽讓人停下來觀看，排在天上一整天的太陽無人注視，只有在即將落下消逝時，才被人們看懂和欣賞。或許生命精彩的就是某些接近失去的瞬間，人與人相見後的分離、太陽的死亡、日與夜的交接，在告白與告別之後，才懂得珍惜那些習以為常的一切。

我想在一天之中，當最後一個跟你說晚安的人，
我想在離去之時，能好好的跟你說一聲再見。
我想在有愛的時候，感覺到一個擁抱，
我想在寂寞的時候，讓心有一個破洞，
體驗一次失敗的防守，流露出那些藏得完美到都快忘記的感受。

為了喜歡你，我練習更努力喜歡自己。
為了更喜歡你，我好好練習說一聲晚安。
好好的向所有的今天告別。
生命需要誠實的 告白／與／告別。

「我與我們之間，只差一句晚安
我與我們之間，就等這句告白。」

2020年4月

—
#晚安 #不可以欺負自己 #和自己和好

如果想要告白，如果想要新的愛能夠走進來

那麼，你必須先去學，好好的先和過往告別

每個夜晚，我都會迷路一遍

在反省白天説錯的那句話

在後悔那一次的錯過

在數著時間

9

還剩下多少時間

可以去做

8

7

還需要多少時間

還要多少時間

5

才能睡著

6

才有人

4

3

發現我

2

1

我與我們之間 只差一句晚安

目次

CHAPTER

1

#給喜歡的人

太喜歡一個人到不知道該說些什麼時，

常常濃縮成兩個字：「晚安」

有一陣子，習慣在睡前關掉所有的燈，只留下床頭最後一盞，拿著筆記本畫下當天心得，那是一個強迫自己去做的習慣。

青春流逝總在最不經意時說出無法續唱，現在習慣早睡卻也時常驚覺，原來青春一直悄悄地在收行李與偷偷離開，每天的心得如果不好好記下來，常常只會剩下 Facebook 的動態回顧，幫我們稍微記住人生片段的模樣，那些流逝讓人感到慌張。

於是開始觀察與紀錄睡前的思緒，好好做個總結，總覺得至少要留下一些什麼，一天才會存在的更有價值一點。

某一天強烈地覺得，需要練習好好的告別，好好的和自己說一聲晚安。

如果生命突然聚散，向對方最後說的那句晚安，將會是最想重複播放的一句溫暖。

晚安可以是粉紅色的告白、晚安也是藍色的淺淺告別。

生活總是如此，快樂與憂傷是相輔相成的，我們不需要反抗，只需要觀察，然後好好的和自己說一聲：

「對不起、謝謝你、我愛你。晚安，昨天的自己，我們和解吧。」

只有自己會陪自己走最遠的路，這個世界誰都是自己來，自己離開，我們能做的不是帶走什麼實質的物品，我們只能帶走抽象的回憶，留下作品，然後在這輩子，減少一點遺憾。把每一天過好，盡力的少一點遺憾。和自己和解，不可以欺負自己喔，即使失望，但還是要練習，再一次喜歡自己。

#喜歡，不要放棄喜歡，再微小的事都可以，要練習喜歡

001

不確定
疫情何時停止

不確定
悲傷怎麼處置

不確定
世界何時末日

只確定，想成為每天
最後一個跟你說晚安的人

記得珍惜

每天最後一個和你說晚安的人

與

十二點過後

第一個跟你說生日快樂的朋友

002

把晚安寫成一首詩
放在忙碌的世界裡

停下來閱讀的人開成一朵花
感同身受的人得到一棵種子

一樣的歲月
被時間追趕的人只看得見數字
停下來欣賞時間的人過著生活

對你說的晚安
不只是晚安
希望你能懂得
這兩個字背後的期盼

003

白天時
我們聊日常生活
表面的問題、簡單的問好

但夜深人靜時
心裡那些

不能說的
還不知道怎麼形容的

才是最希望
你能懂的

嘿，你有沒有？
那些還不知道怎麼說出口的心事

004

想和你去動物園

複習每一種動物的長相
回憶小時候遠足的模樣

更新一些以後可以回憶的時光
感受一下散步的路上
如果不會太無聊

或許我們未來就能夠
一起走去更遠的地方

005

：「想要哪一種喜歡呢？」
：「希望我的喜歡像一片海。」

遠看時覺得都一樣
近看時不知不覺的
就過了一個下午
也讓人靜下了心

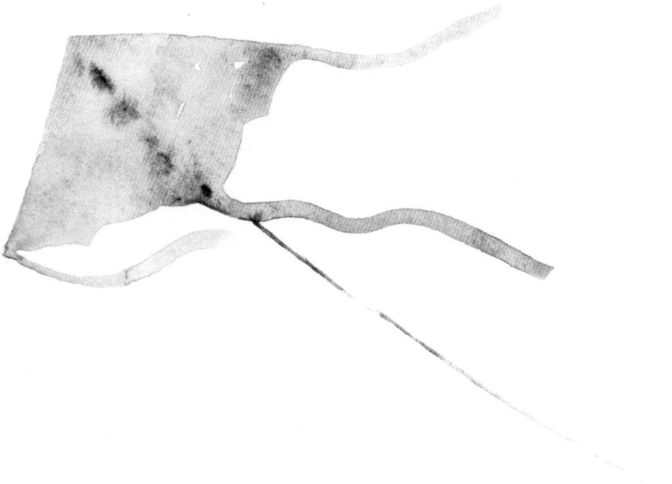

006

：「你好嗎？」

：「還好。」

：「…………」

希望你的一句你好嗎？

不是口頭禪、

不是基本的禮貌、

不是單向的句子。

只願我認真回覆好不好時，

你是真的有勇氣接住我。

007

有些事物沒有形狀，卻具體的活在人們心中，
有些感動無法形容，卻默默的住進彼此心中。

晚安，即使還模模糊糊的也沒有關係，只要願意開始了，
一切就會正在路上了。

008

一直把手握成拳頭的話雖然感覺握緊一切了，但也因此忘記了怎麼握手怎麼撫摸怎麼再去感受。

輕輕的睡著吧，讓身體放鬆，擁有的事不一定要用雙手緊握，而是要讓心還能去感受。

009

有時夜不夠黑，有時白日夢不夠白話，
有時我們迷失在別人對你的想像裡。

有時，
就別管別人了吧，
該找到是自己而不是別人口中的你。

晚安，生活是一趟為了認識自己而出發的旅行。

別只聽別人口中的應不應該
要去懂自己心中的想不想要

010

想成為你床頭的那本書

睡不著時會翻

翻到睏時再陪你一起睡著

不用背誦、不需考試、不必死讀

只想陪著你

在不遠處

YOU
DESERVE
IT
REMEMBER

011

笑常常長得很像，
難過的情緒卻有千萬種，
特別是忍住不哭的時候。

嘿，謝謝你，發現我。
聽我說，拉住我。

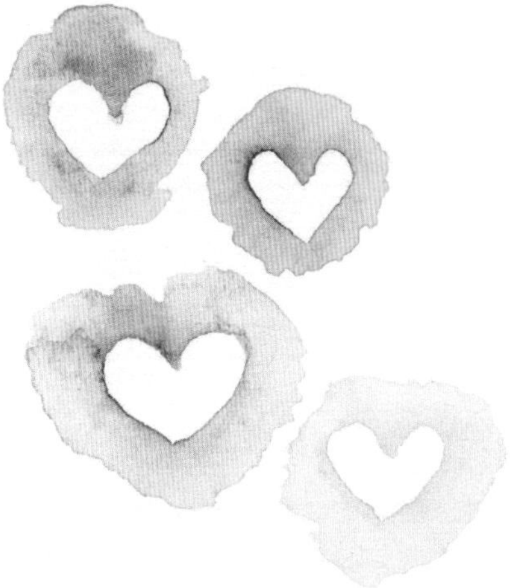

012

有時候身體需要的不一定是逞強，
而是一次也好的練習把心交出去。
晚安，要相信直覺，找回喜歡自己的感覺。

013

沒能説出口的話總藏在心底被解釋為貼心，但總偷偷傷了自己的心，好險擁抱時能發現，其實每個人心底都住著祕密，也都正努力的在面對那顆柔軟卻學著堅強的心。

抱一個，好好的。

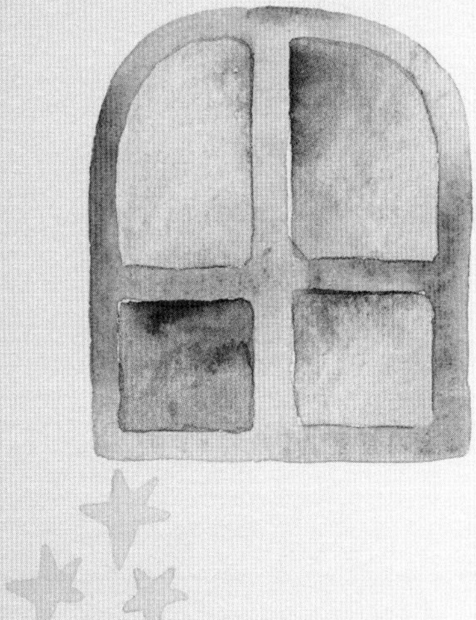

014

如果只有一秒可以許願、如果只有現在可以想念，
那麼能夠不讓你留下遺憾的是什麼呢？

晚安 記得珍惜瞬間

015

是你教會我
不要害怕憂傷

因為憂傷與愛
同樣來自一顆還有感覺的心

阻擋了
麻痺了
雖然不痛了
但也無法愛了

016

青春是一波又一波的浪
我們被擱淺在岸上
卻也因此認識彼此
成為彼此的浮木

難過時去看海吧
一波一波的浪
像是一陣又一陣的情緒
總會洶湧
總會平息
也總會過去

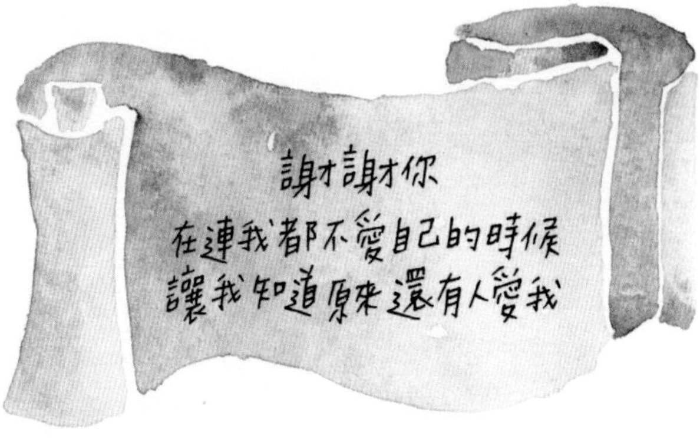
謝謝你
在連我都不愛自己的時候
讓我知道原來還有人愛我

017

可以挫折、可以跌倒、可以煩惱。但不要忘記去想像還能用什麼方式對喜歡的事付出一個擁抱。

不管是飛翔還是擁抱，
都要記得先張開雙手讓心還能去感受。

018

後來你不期待鮮花，反而靜下來欣賞一株草的生長，後來你把翺翔看成了鳥，在夜晚用星星去交換一句句晚安，後來你在夢裡思考，用一個個夢航向內心的那座島。

晚安，每座心裡的島，好好的睡，好好的在夢中航向心底的軌道。

DEAR

019

從天上看的話，路地上的煩惱很小很小呢，而且爬上去之後會發現，比起煩惱，眼前的風景更值得花時間去欣賞。

晚安，記得把力氣放在美好的事情上。

020

GOOD NIGHT

眼睛看不到不一定就代表不見了，就像星星沒有消失，即使被雲擋著也還是依舊發著光，想念一個人一樣，用過力的就一定有回憶就一定住著些什麼故事。

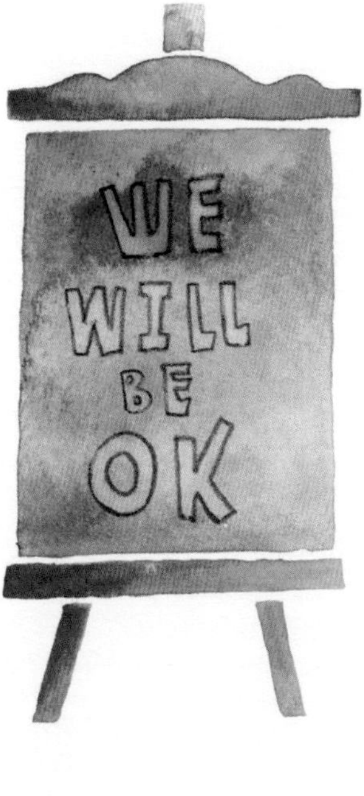
WE
WILL
BE
OK

021

時間像是一波一波的浪，拍打著要我們前進，也偷偷的沒收沙灘上的腳印，好險夕陽還是這麼好看，煙火也還會燦爛，帶著回憶和許個願的自己往下一年走去。

晚安，好好睡。

022

有些事物會發著光，
是因為還住著能帶給別人的希望，
像是星星，
或是一雙願意認真看著你的眼睛。

023

去看，真實的風景。
去聽，萬物的聲音。
去說，自己的故事。

在越瓶頸的時候，
要越努力去儲存，你所相信的。

記得相信自己

024

摸一摸頭，趕快睡吧。

雖然不知道船會開去哪裡，但未知的地方總比沒去任何地方好，別被恐懼奪走了想像力，別為了怕失去而失去了最重要的東西。

為自己出發，也請為自己好好的睡一覺。

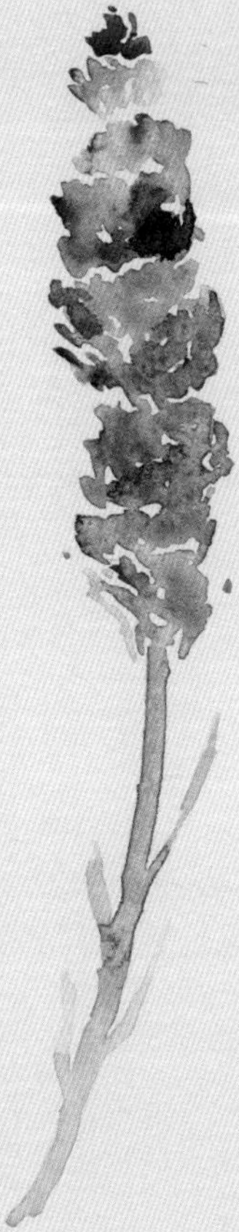

025

決定了就出發吧，人生一開始追求的是握住一切，但後來發現我們真正需要的，不是添加，而只是減少心中的遺憾。

晚安，要記得開心。

燃燒不是只為了結果的小灰燼
燃燒時有光、燃燒時有溫暖

CHAPTER

2

#給好朋友

孤單 寂寞 朋友

不用目的地
沒有行程表

當你不再去追問什麼是意義
才會發現旅行最原本的快樂

／

旅行的意義是你不再追尋意義了
你只想讓頭腦休息讓身體走出去

什麼都不想也可以
只是離開
離開到真的想家了
便已足夠

寂寞，但學會和孤單相處

026

畢業是個試煉
分開是個測驗
幫助我們

用時間
沉澱出真心的想念
用距離
淘汰掉假裝的感情
用空間
整理出重要的順序

經過了時間、距離、空間
還會想念的，就不再遙遠了

027

有時就學蒲公英吧，看風要帶我們去哪裡，如果不能控制風，那就訓練自己的心，或許有泥濘，或許是美景，不去期待也不去失望，而是把走過的路都活成自己的故事。

晚安，祝每個夢都是溫柔的風。

028

如果有成長的話
難過也可以
如果有改變的話
陣痛也可以
如果有警惕的話
跌倒也可以
如果有故事的話
迷路也可以
晚安，世界上沒有永遠的正面
和這些負面相處
學到的事情才會永遠跟著你

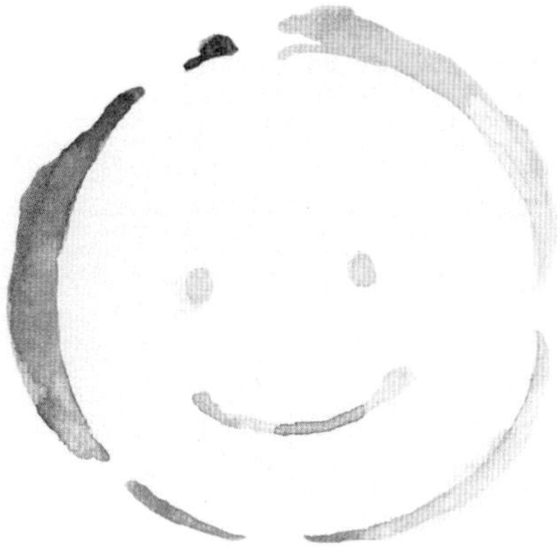

029

枕頭是飛行器，趁你睡著的時候往天空出發，在深度睡眠時抵達你想要去的地方。在路地的我們總是什麼都要會，而在夢中的我們只能學會放鬆，然後相信直覺和心底想要帶你去的地方。

晚安，祝你有一個軟綿綿的美夢。

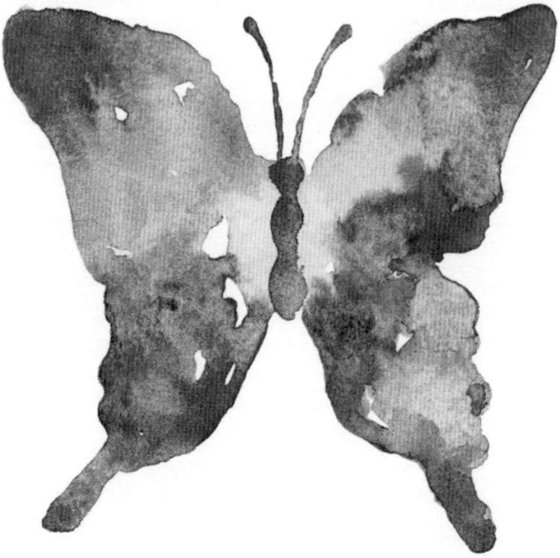

珍貴的不一定是白日時
眾人眼睛看到的
而是
漆黑的夜裡你還願意去想像的

030

出社會後
世界總會想盡辦法
想磨去我們的稜角

而那些
不肯沉默的聲音
不願放棄的執著
不想妥協的自己

將成為未來的我們

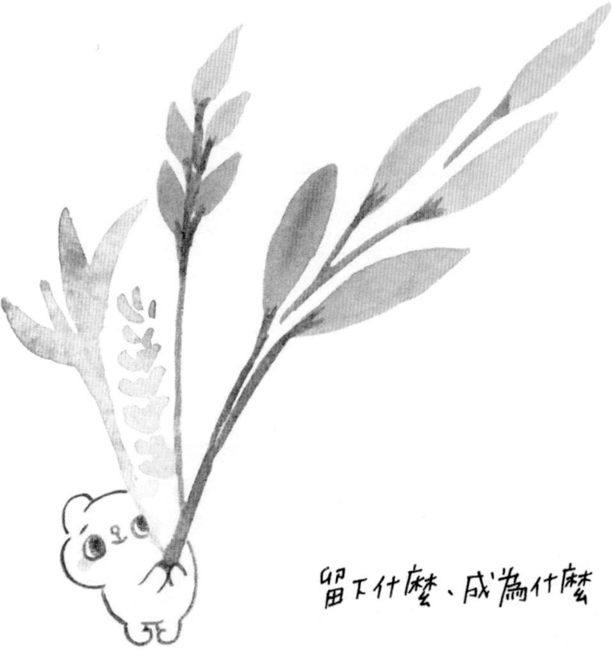
留下什麼、成為什麼

031

天要夠黑星星才會明顯，雨要夠大灰塵才能降落，所以當下的難題就當作是新方向的開始吧。

聽聽雨聲，好好的睡，賴床一下也可以的。

當你
了解世界沒有完美
我們
就有機會開始完整

032

想要盡情的笑，那就不能假裝自己不會哭，情緒其實只是一個小孩，一個住在心裡的小孩，陪著它一起哭吧，哭完再一起去找真心喜歡的事，找回真正想感受的。

晚安，想成為一個成熟的大人，那就要從練習當一個遺憾比較少的小孩開始。

試著不要隱藏呢？
用力哭過的人
也才能盡情的笑

033

進步都是從一點一點開始的，有時懷疑也是正常的，給自己
一點時間，即使只移動了一點點也沒有問題的。
晚安，放心，迷路也會比原地踏步好的。

034

總是完美的遮住疤
總是一個人自己療傷

最不捨的是你的堅強
最擔心的是你的逞強

可以的話
在我面前請不要假裝

不要逞強到忘了自己的心情
要記得哭和笑是一樣的重要

後來覺得的好朋友是
即使彼此有一陣子沒聯絡
但一見面就彷彿回到從前

035

不祝你永遠正面或快樂，只願你不害怕黑暗或寧靜，在夜晚懂得和自己相處，在夢裡還有下一個願望。

晚安，在夜裡成為自己的光。

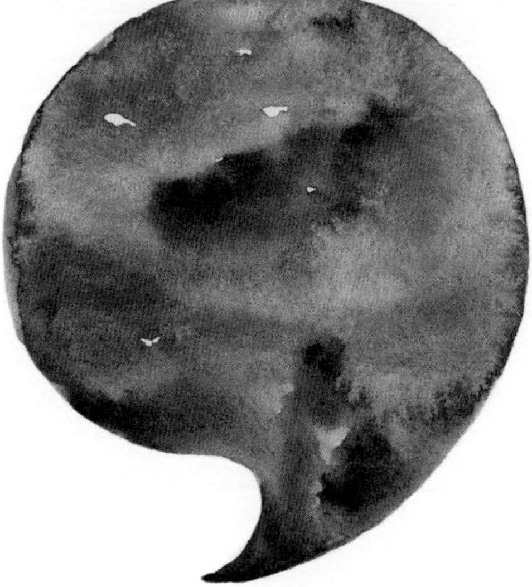

正面去看那些害怕的
或許眼前這個危機
是以後變好的轉機

036

知道你總會有
不想讓人知道的傷
不敢被人討論的痛

知道你總會有
不知道怎麼去形容的難過
不願別人太擔心你的時候

知道你，有時候
只想一個人躲起來難過

但也想，讓你知道
當你不想再獨自一人的時候
好朋友的我永遠在你的左右

你可以悲傷、也可以難過
但太寂寞的時候
請記得還有一個我

037

趁夜很黑大家都睡著的時候，關心一下白天不小心藏在太後面的心，記得讓那顆心還充滿直覺，記得告訴那顆心它會是心中最亮的一顆星。

睡前總會想起的
是什麼呢？
再複習一次
然後練習好好的
說一聲晚安

038

就像是半夜起來喝水一樣，就算沒有光什麼都看不到，但冷靜下來的話還是能浮現一些方向吧。

趁慌張和恐懼都睡著的時候偷偷起床，摸一摸自己的心喚醒不小心沉睡的直覺，小聲的在耳邊說：「嘿，記得再相信自己一點呀！」

冷靜下來習慣了黑
慢慢的
再微弱的光
都能對比出方向

039

或許認真的說句晚安，
就像是把星星拿出來曬的儀式，
夢就能像曬過太陽的棉被一樣鬆鬆軟軟。

晚安，試著找個人說一說，讓內心深處一個人想很久的問題
補充一點陽光。

要有裂縫
陽光才有機會照進來

040

把資訊啊煩惱啊現實啊新聞啊放在地上就好了吧。

天黑了，星星要往上飛了，這一次要記得帶上想像，在夢裡去想，想要的自己是什麼模樣。

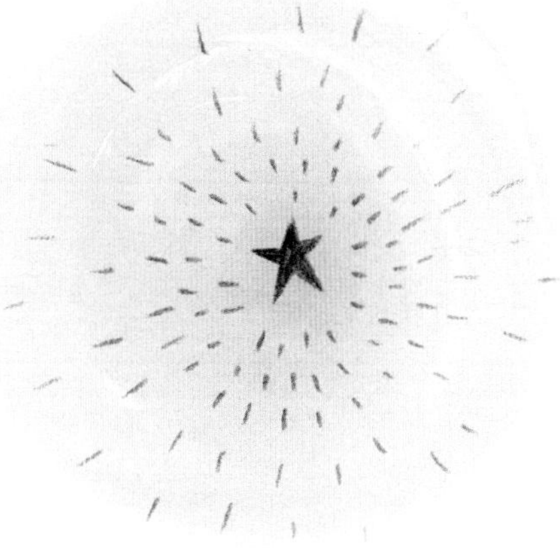

041

沒能說出口的話總藏在心底被解釋為貼心，但總偷偷傷了自己的心，好險擁抱時能發現，其實每個人心底都住著祕密，也都正努力在面對那顆柔軟卻學著堅強的心。

抱一個，好好的

042

不祝你完美
祝你心有個破洞

好讓心底的話能說出口
讓好朋友有機會走進去

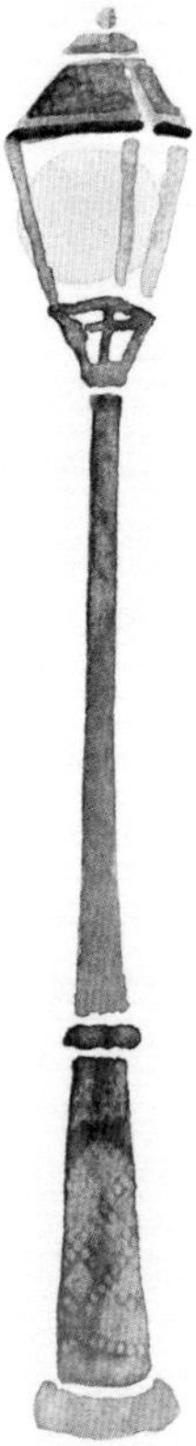

043

最希望被收聽的
是那些被看似無關緊要的情緒
還找不到重點
還寫不出心得
只想要你真的願意傾聽
幫我螢光筆畫線

謝謝你　比我還懂我

試著不要隱藏呢?
用力哭過的人
也才能盡情的笑

044

祝你心中有屬於自己的陽光，
向日葵們都朝著你盛開。
記得，再忙也要留一個角落，安頓好自己的快樂。

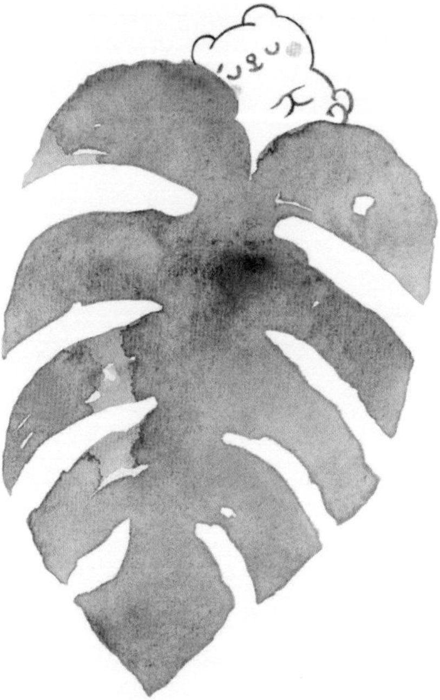

成為自己的太陽
成為自己的微風
懂得怎麼陪伴難過
記得去謝謝已擁有的快樂

045

看懂了歲月如梭
目擊了生離死別
才懂得有機會好好的說聲再見，是如此珍貴
把每天活得少一點後悔。

年輕時有很多時間浪費
像用一輩子去等待相遇

長大後才懂得有些珍貴
像是好好的說一聲再見

046

永遠
不是長久卻麻木地活著

而是

在有效的期限裡
品嚐新鮮的滋味

在有限的生命中
活出無盡的想念

要記得把
那些跌倒後的成長
失去過學會的擁有
轉變成最好的紀念品

047

撫摸你的脆弱
不捨你的逞強

心疼你那些沒來由的自卑
所以只想陪著你
像散步公園的人
或河堤的腳踏車與風
不用目的地
不用計步器

關於快樂
沒有終點
沒有誰需要是冠軍
知道你一直努力著
所以不捨得和你說加油

因為那常常是擊倒你的最後一根稻草
只要你找到屬於自己舒服的方式
可以的話

就讓我當在你身邊不小心睡著的貓

048

結果只是一下下
而有故事的
是那些過程
難忘的總是
曾陪你走過的人

晚安
我還在
晚安
有我在

049

如果不去想像天空上有一把勺子，好像就沒辦法這麼容易辨別方向，想像力還是很好的，即使有時很怕被覺得幼稚，但如果心底能像孩子一樣快樂，那何必在意別人覺得你看起來是什麼模樣。

記得留一個空間或一段時間讓自己對生活還能擁有想像。

別讓誰
奪走你的想像

050

好好的，不用加油，
不用勉強，剛剛好的，
像你自己就好。
好好睡，晚安。

不可以欺負自己喔

CHAPTER

3

#給自己

晚安，所有的不安

重複播放同一首歌，想讓心靜下來，讓手機休息，讓心回到自己。限時動態搶走了我們的時間，讓心變成一整天沒有主人帶出門散步的小狗。臉書總是在滑完後讓人感覺憂傷，誇張過的快樂、擺盤後的生活、緊閉的真心話、擴散中的哀傷、有濾鏡的風景、沒處躲藏的寂寞。

好像害怕和自己相處，怕不夠好，怕大家都這麼的快樂，那我夠快樂嗎？

練習把話好好的說完
讓遺憾變瘦一點
把後悔變薄一些

陪自己散步，跟自己說話
很小也可以，找回一些會讓自己快樂的事
撐過去這個難關

讓夕陽落下
再相信一次
明天會是新的自己

#寂寞，但學會和孤單相處
#表達難過雖然有點丟臉，但不可恥
#你可是難得有勇氣面對的人

051

長大是好好練習說再見的過程
知道離別難免
所以消化感傷後
試著記得快樂
珍惜還有的見面
不再追求永遠
把每個現在
活成未來的想念
不再追求永遠
只好好的過完今天
問心無愧的
說一聲晚安

晚安，所有的未知
練習不去怕了

吞噬的黑洞就成為無重力的宇宙

052

晚安，留一個枕頭給你的想像力
讓它陪你入睡
讓它帶你去差點忘記的世界

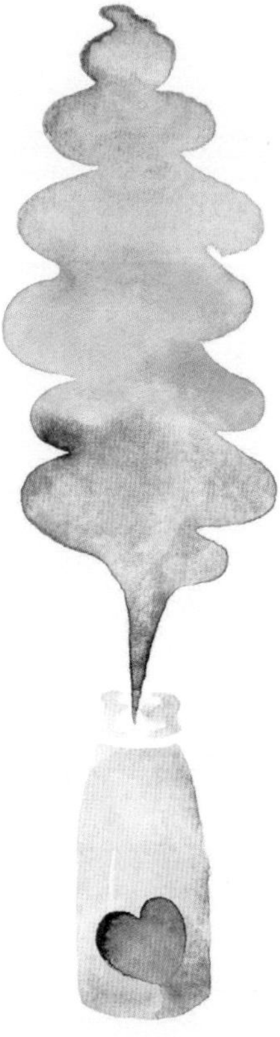

別讓誰
奪走你的想像

053

沒有絕對的好人與壞人
只有不同的立場

沒有永遠的生或死
只有盡量不後悔的當下

晚安，只要是人，總有再聰明也無解的情緒
因為情緒需要的不是被解釋，而是只希望能被傾聽

要記得謝謝自己
要記得好好的睡

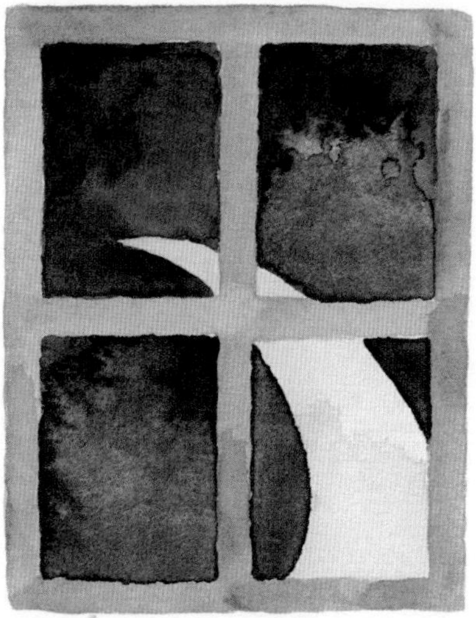

不急著說
但慢慢聽
心底的聲音

054

如果在晴天的晚上把雨傘倒過來用，這次不急著防禦風雨了，而是試著飄向天空裝一些什麼進去。

我們的心也是，難過和開心用的都是同一顆心，有限的空間、只有一次的時間，要去防禦或要去接收都來自這裡。

晚安，無論如何都要先學會好好照顧自己。

即使在兩端
即使有原地踏步的慌張
但只要有一邊運轉了
那就有機會遇見了
一步也好，出發

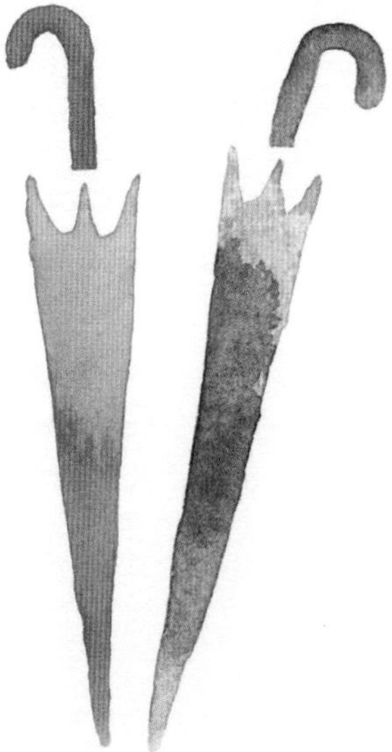

055

在沒有燈的夜裡能指引我們的不是地圖了，而是忽明忽暗一閃一閃的星星，在房間裡也養一些吧，用惶恐、用不安、用未知、用還沒有答案，或許就是這些閃爍指引出我們新的道路，也打開了還沒好好去照顧的心。

晚安，謝謝那些不安。

056

後來，我們把悲傷當作禮物
會這樣說不是為了假裝堅強
而是還清楚記得我們這麼在乎過

不是為了成為別人眼中的正面能量
而是知道之所以情緒中會住著難過
是因為過程中擁有過更多的快樂

不把結束只看成難過
是故事新的一頁
是未來新的一夜
誰都要好好的

晚安，先別想太多先好好的睡

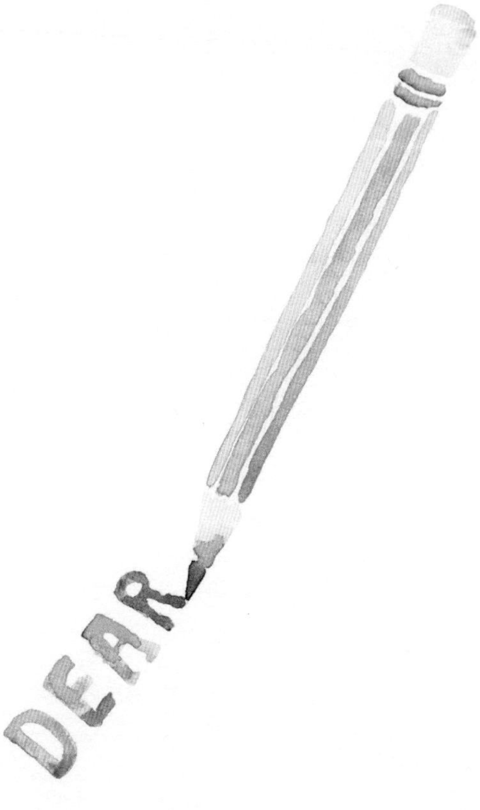
DEAR

057

成長往往不住在一帆風順裡，迷路也沒關係，暫時低落也可以，忽明忽暗的才是星星，有所珍惜的才能成為道理。

辛苦了，要記得每一個情緒都是重要的自己。

讓星星帶出你的願望
讓心帶你去想要去的地方

058

廣播傳來一句話說著：

「沒有過不去的難關，

只有過不去的自己。」

（筆記了下來）

059

嘿腦袋，辛苦你一整天了，請好好的休息，
剩下的就交給感覺吧。
別讓腦中的該不該去控制了心裡的好不好。

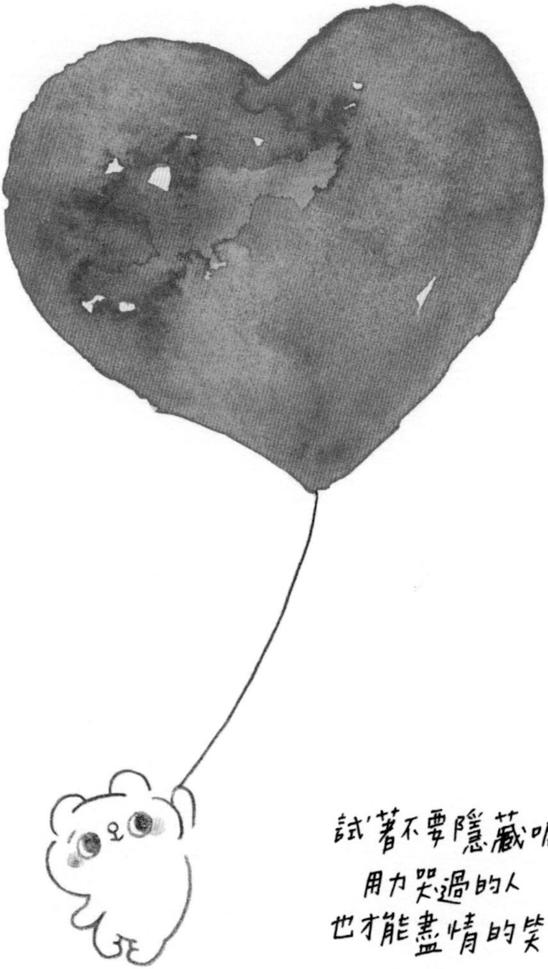

試著不要隱藏呢？
用力哭過的人
也才能盡情的笑

060

墜落也是一種飛，
失去也是一種獲得。
流星或許正在天空失速和煩惱著，
卻也同時被地上的人許成一個願望。
晚安，要像沒有明天一樣的用力活著。

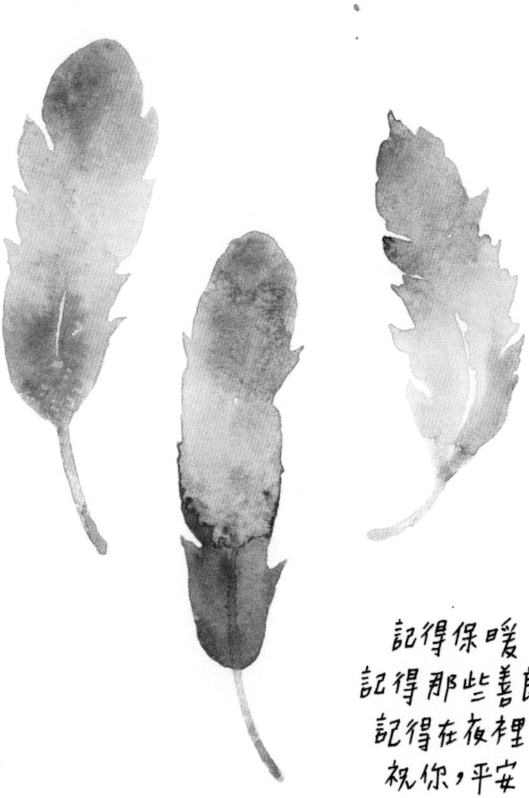

記得保暖
記得那些善良
記得在夜裡
祝你，平安

061

推著你向前走的是自信
還是自卑呢
帶著你逃出問題的是忙碌
還是麻痺呢

如果只剩一天
你會選擇什麼樣的快樂
如果還有一天
你會想過跟今天一樣的一天嗎

如果不想假設那麼多如果了
那我們就練習好好的和每一天說再見
少一點遺憾的和每晚好好的說一聲晚安

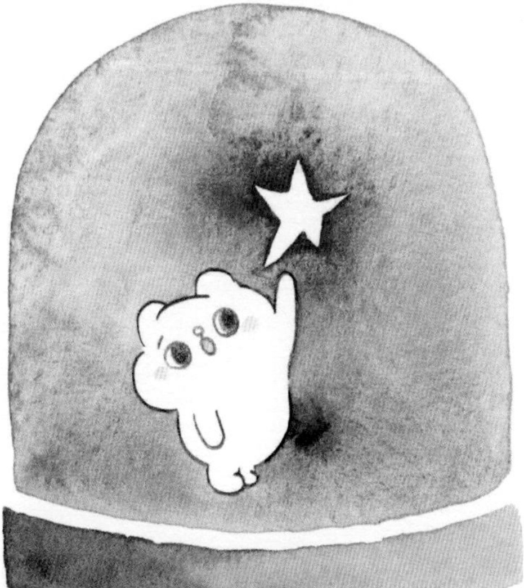

或許有誰也正抬頭
看著星星
能這樣想時
就覺得好像沒這麼孤單了

062

能迷路時卻不感覺慌張，還靜下心來欣賞風景的唯一方式

是：「跟著自己的心。」

一次也好的為自己出發。

沒有永遠不凋謝的花
卻有依舊有香氣的回憶

063

讓每句晚安在深夜輕輕的墜落，
讓每個夜晚完整的和自己去說。

每天好好的和自己說聲晚安，送走黑夜後，明天一早會是更好的自己。

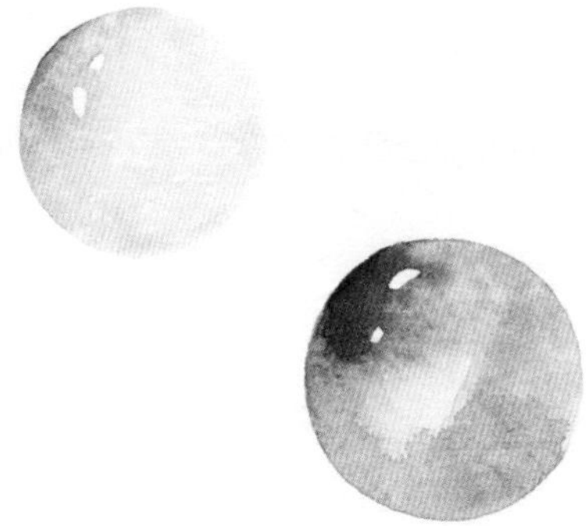

幸福不是只有擁有
還會期待的、還能想念的
還肯努力的
也是幸福

064

氣象報告不重要了、新聞不重要了、煩惱不重要了。重要的是，當微風吹在臉上時，我們還有著感覺，不再需要別人眼中的需要，而是在一片混亂之中試著去問問什麼是自己想要。

晚安，謝謝每一種天氣，珍惜每一種心情。

065

有時太常檢討自己反而被挫折感弄得無法進步，
有時謝謝無聊卻可愛的小事反而覺得自己有一點幸福。

自信不是來自拼了命去加油去填補自卑，
而是由內而外的。

一點一點回來喜歡原本的自己。

該找到的是心中的自己
而不是別人口中的你

066

黑洞之所以可怕是因為充滿害怕的想像。
人生會有後悔是因為覺得自己還能更好。

有時凝視了，試過後，沒有懸念了，才會發現原來一切不用
想成這麼難，複雜的只是我們的腦子，心想要的，其實一直
都很簡單。

睡前和自己的心聊一聊天。

067

要不害怕黑的方式，不是逃開黑夜，而是不再害怕眼前無光時那些心底的想像。

不急著去填滿表面，而是試著和心底最深處、最原本缺少的事物和解。

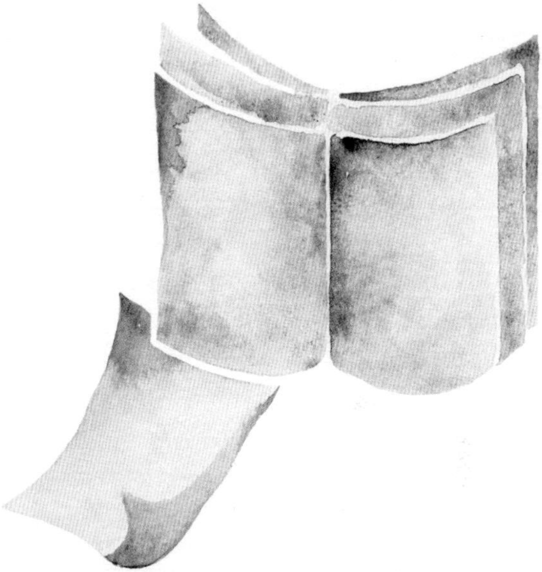

068

煩惱只會製造更多煩惱，想不通的時候，就先照顧自己吧，吃個好吃的，為自己運動，解開答案的不一定是智慧，而是找回心底的某份直覺。

069

黑暗之所以可怕，是因為黑暗中住著每個人無止盡自己對可怕的想像。

但或許拿掉恐懼試著去和黑暗相處，會發現慢慢有什麼其實還在運行著，或許不是黑洞，而是一個靜下心來才能看見的，默默運行著的宇宙。

晚安，不要太快害怕，一次也好的去試著相信。

沒有光的地方
或許更看得清心中的方向

070

就不要怕黑暗了吧，適應它然後練習給自己一點點光，好好的睡，好好的過好每一個今天，這樣的我們就已經夠好了，別擔心煩惱，那也是一種成長。

晚安 :)

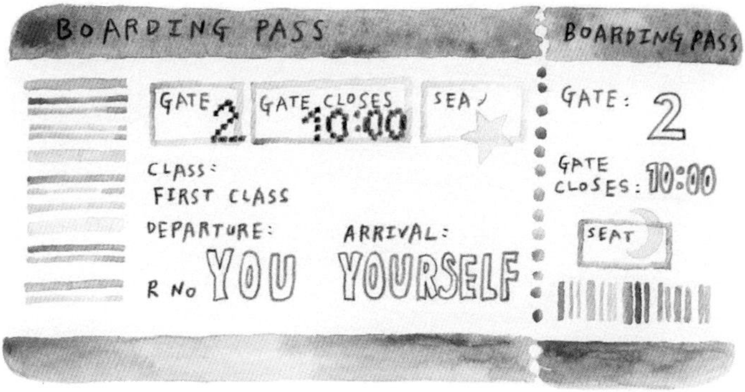

煩惱是機票
不安是旅行
環遊世界是你從別人
回到了自己

071

要把千言萬語濃縮成兩個字的話應該就是晚安了。

：「嘿，晚安」

Good
night

（想 你）

072

是往上還是墜落呢，有時候別人從旁邊遠觀著，而那些人怎麼看、怎麼猜、怎麼說，其實都不是最重要的。

只要還願意去感覺風，只要在難題中能得到一點點成長，那都是一種飛翔。

073

有一種堅強是：你還是無法成為野獸，但後來你懂得，除了你在意的人，沒有人能再輕易的讓你受傷了。

晚安，成為自己想守護的。

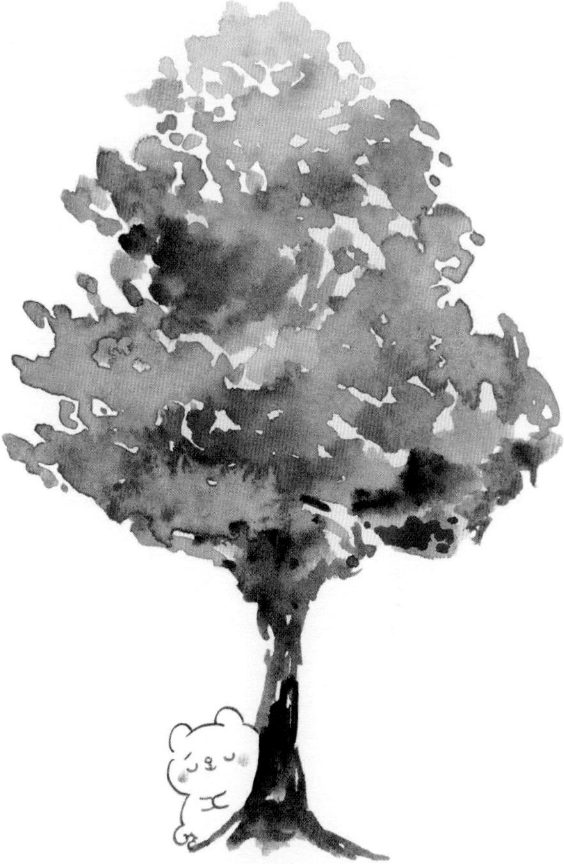

074

搖搖晃晃也沒關係，時間會幫我們沉澱出想要的東西；忽明忽暗也不用害怕，煩惱就是來幫助我們認識還不敢認識的自己。

相信自己一次，沒有後悔的當下。

才是通往未來的鑰匙。

當發現沒有什麼是永遠
我們或許就開始學會擁有

075

迷路也沒什麼，就看看瀑布，就欣賞植物，看毛毛雨降落了些什麼，看海浪如何席捲走寂寞，在夕陽之前離開太黑的海，在安靜的晚上成為自己燈塔的光。

睡吧，祝好夢。

再相信自己一點
再找回感覺一些
以後就不讓
失去教會你擁有了

CHAPTER

4

#給未來的我們

對不起、謝謝你、我愛你

我很想你
卻不能說
只好說一句晚安
心中想著祝福

如果每一個夜晚都是白日的末端
那麼每一聲晚安就最近死亡

給憂鬱 沈默 後悔每一個決定的自己
討厭 無感 覺得自己總是不夠好
可不可以在天亮前學會
這一次不要再欺負自己

給憂鬱或喜歡
和喜歡的人說聲晚安
跟討厭的自己說聲晚安
就在今晚和自己和解

如果想要告白，如果想要新的愛能夠走進來
那麼，你必須先去學，好好的先和過往告別

晚安是逗號
晚安是句號
晚安是再見
晚安是告別
晚安是期盼
晚安是詩
晚安是睡前的最後一聲問候
晚安是想念最偷懶的濃縮

#和解，不可以自己欺負自己喔

076

詩
已讀
雨季的悶
青春期的日記
醒來就忘記的夢
還有你說的那句：「晚安」

很多沒有辦法用言語形容的
藏著的最多

也往往
因為無法解釋
所以更希望有人懂

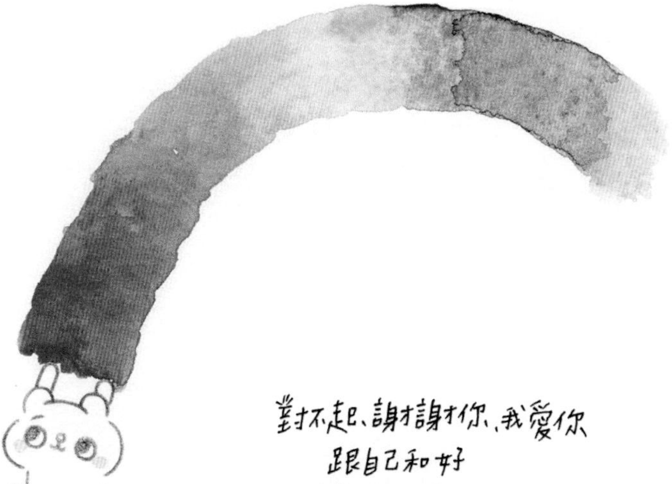

對不起、謝謝你、我愛你
跟自己和好
那是會陪你最久的人

077

不害怕成為沒有味道的水
即使普通
卻能止渴

不抗拒成為呆板的一棵樹
即使木訥
卻能依靠

不懂怎麼譁眾
但會仔細聆聽

不懂怎麼取寵
但會放在心中

078

如果慌張沒有幫助
那就試著丟掉

如果壓力幫了倒忙
那就試著先讓身體伸展

如果恐懼霸占心房
不要遺忘

記得害怕的
然後讓它只是經過

學會了
我們就再也不要
讓恐懼住在心上

GO, JUST GO

當你真心謝謝所有的過去時
更好的未來就會在來的路上

079

有時說晚安，就像是出國前的行李一樣，即使有再多留戀的，也只能帶最多23公斤，我們整理，我們出發，隨著長大，試著讓紀念品不只是縮小的建築物或是限定的商品，而是心中不會超重不會被誰帶走的回憶。

晚安，好好的睡。

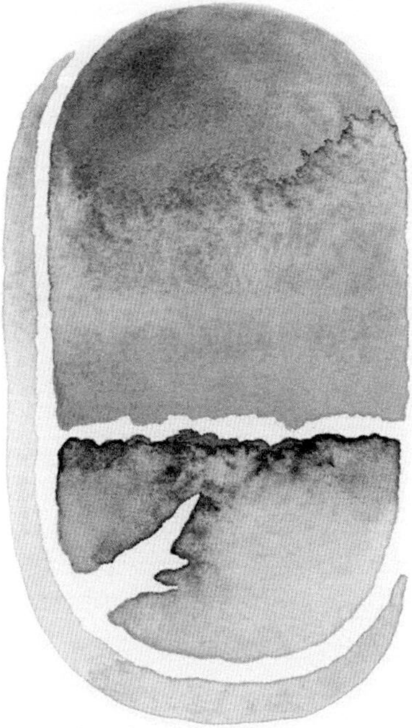

故事、回憶、那些年
多年後發現最珍貴的
是沒有形體的紀念品

080

摺一艘紙船
希望它在夜最黑時航往夢裡

載走不知道怎麼形容的憂傷
偷走猶豫不決的時刻
打破心底看似和平的沉默
然後用漣漪去撫摸每個情緒想告訴我們的什麼

晚安，沒事的，一切就是一段旅程，當知道世界上沒有永遠
以後，每個現在，才會是永生難忘的現在。

081

航行的船
或許會有一點孤獨
但島嶼總是藏在未知的遠方

原地的島
或許會有一點寂寞
只能在原地練習和自己相處

在被發現之前，先探索自己

082

不用綁定
不用定位
不用追蹤

想去的話就出發吧
不想成為你的限制

只願成為你環遊世界與遠方後
會想回來的地方

懂得平靜的時刻
不害怕黑暗
也不失去期待

083

即使
環遊了世界，還是會迷路
經過了青春，卻依然懵懂
而我唯一的確定是
只想去有你的未來

不害怕過去
不擔心未來
因為現在
我有了你、

084

星星的那一邊看過來我們也閃閃發亮嗎？有誰也看著我們這裡像看到流星一樣把願望寄放在那一瞬間嗎？不管如何，只要知道不是只有自己停下來看著天空，好像寂寞就可以少一點點。

晚安，祝我們即使長大了都還敢再為自己許下新的願望。

或許有誰也正抬頭
看著星星
能這樣想著時
就覺得好像沒這麼孤單了

085

時差像是接力賽一樣，這裡的晚安是來時的午安，飛機在天空時想起來星星其實一直都在附近耶，有時變化的只是背景是白天或黑夜，有沒有被對比出來而已。

無論如何，記得相信自己，重要的事情只要慎重的記得，總有一天出現時，我們能一眼就認出來。

再堅持一下

別讓時間搶走我們
心中重要的那一塊

086

幫星星取了名字後那顆星星就變得珍貴，成為黑夜中獨一無二的方位，成為守護你的星座，成為一片漆黑中還能做的夢。

晚安，或許重點只是我們怎麼去看，當練習相信每件事都是特別的存在後，星星就不會只是顆沒有生命的石頭。

最後許的願望是
和與眾不同的你
過平凡的生活

087

星星不知道會不會累，借他們躲一下睡個好覺，那月亮的缺口就不再只是缺陷了，而是一個剛剛好的擁抱。

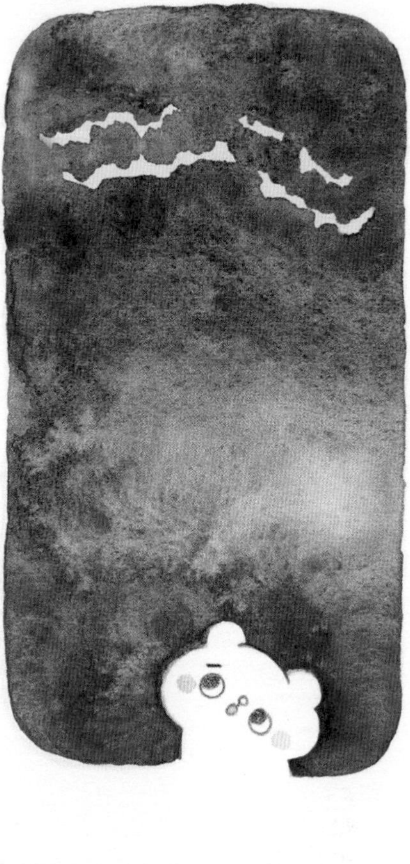

把流星不看成是墜落，而是難得一見的許願
把上弦月不只當盈缺，而是天空在對你微笑

088

讓星星休息一天，躲在消波塊旁邊聽一聽海。

晚安，澎湃和寧靜都會有它的好處的。

089

要成為更強的人，但不是只以不夠好、不夠強、不夠讓人喜歡而出發，那是自卑，只會吸引來更多的空洞與表面的好，那是會崩塌的。

在變強前，更要學會的是快樂，與喜歡自己。有想要的生活、可以拒絕、也可以愛人，強只是快樂追求自己時路上附的贈品。

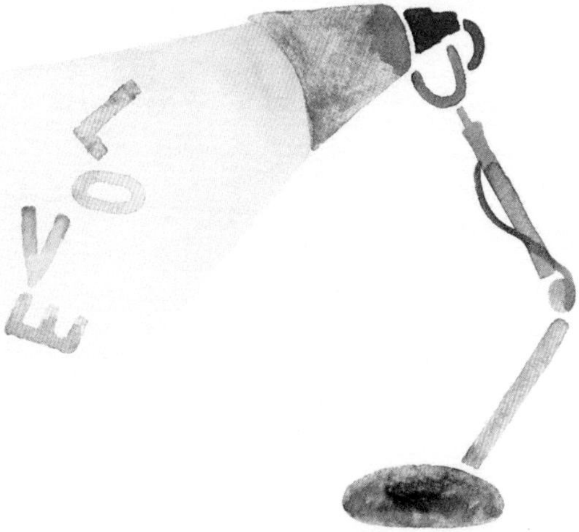

愛不只是向別人要求而來
而是當你願意主動給予後
更能感受

090

後來我懂了，只要是人都或多或少有些缺少，
重要的不是去要，而是學會自己給。

比起向外去追求完美的人，
更重要的是向內先完整自己。

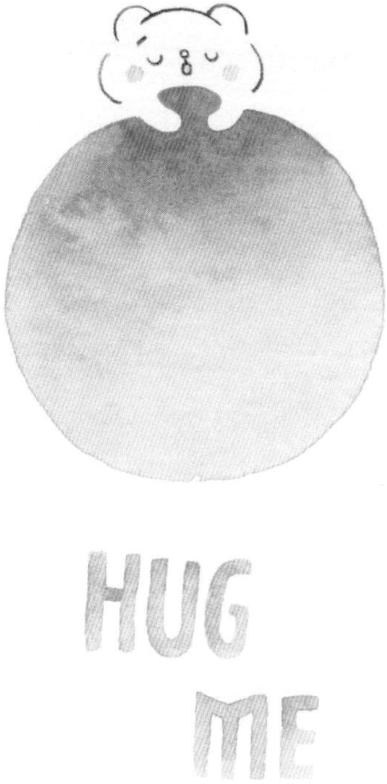

愛的出現，常常不講道理
愛的離開，卻總教會我意義

091

有時我沒你想的堅強
有時我沒你想的美好

有時我比你想的孤單
有時我比你想的還不快樂

有時有時
只是太會假裝了
以為假裝沒事了，一切就會變好
以為假裝快樂，寂寞就找不到我

有時有時
只是太會忍耐了
以為長大就是要學會忍耐
忍耐到忘記什麼是痛
忘記原來受傷了會難過

一次也好
希望你能夠
像我喜歡你
那樣的也喜歡我

092

後來，你不喜歡許願
因為你說這樣無憑無據
沒有期待就不會有失落
沒有期待也就沒有傷害

但憋著很辛苦吧
心裡隱隱作痛時卻找不到傷口療傷
擔心的事永遠卡在心中卻無法結痂

嘿！你藏在心中的想要
是什麼呢？
需要的時候
隨時歡迎和我說

093

後來我們都不像一張白紙，有著昨天的痕跡，有著前天的記憶，不是全新的了，但總也因此有了故事，成為了獨一無二的一張紙。

晚安，與其純白的和誰都一樣，不如就一次也好的不去怕弄髒弄舊。

討厭下雨
濕氣讓紙變得彎彎曲曲
而我，也變得有點想你

094

你不相信永遠
只想握住瞬間
你不忙著未來
只感受當下的風
你不依賴以後
只想不再錯過
專心把每個今天用完
把遺憾變得小小
小小的

從此我不再懂得
什麼是後悔
只要你從未
離開我的身邊過

095

想住進一首歌
即使最後不一定能住進你的生活
但至少希望
在不經意聽到某一首歌時
你能想起我
我的願望
從住進你的心中
到後來只渴求
在不經意聽到某一首歌時
你會想起我

一點點也好的　至少留下些什麼

會想念的
不一定是完美無瑕的那個故事
而是最願意奮不顧身的那一次

096

付出過的，不一定都能有具體的結果，
但曾努力過的，都會存在回憶與心中。

沒有永遠不凋謝的花
卻有依舊有香氣的回憶

097

長大就像聖誕樹下的禮物，大概知道是什麼，但卻還是會期待些不同的什麼。

即使世界總催促著我們長大，但這樣還能充滿期待的自己其實也還滿可愛的吧，就把這個小孩藏在最秘密的抽屜。

保持善良，記得保暖，祝每一個夜裡每一個小孩都平安，晚安。

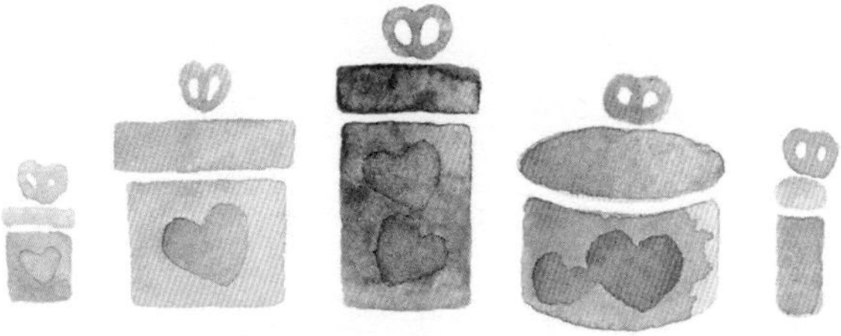

記得保暖
記得那些善良
記得在夜裡
祝你平安

098

鑽石有著缺角，自己也無法發亮，但因為有了光去穿過和折射它，那些缺角成為了閃閃發亮的地方。

晚安，失去的和曾經受傷的，不一定只是我們眼前看見的那樣，或許那會是未來讓我們的心更能閃著光的地方。

099

不祝你永遠陽光快樂

只願你不小心掉入黑暗時能找回方向感

不那麼快樂的時候也能與那個自己獨處

100

祝你的誠實讓你跌跌撞撞，卻也因此讓你記得痛也記得感動，更早的去想起，什麼是你原本最想要的樣子。

晚安，祝未來的我們都不再依賴失去，就能學會擁有。

再相信自己一點
再找回感覺一些
以後就不讓
失去教會你擁有了

寫在後面的話

不
不要
不勉強
不用比較
不完美的美
不小心就太在意
不可以自己欺負自己
不需要每個人都喜歡你
不用刻意聯絡卻能知道你一直都在
內心的兩個自己在打架

關掉心中那個一直重複批評自己的聲音

低潮的時候要記得
陰影和光是一組的不零賣
撐過去
很普通、很殘喘、很勉強都可以
只要撐過去之後，會有可以收穫的事情
做出對的選擇也需要放棄
碰撞過後該放下的就放生
一直在心中的勉強就放過
過不去的自己，不一定要再強迫說加油了
說聲晚安後，就懂得放下

練習把話好好的說完
讓遺憾變瘦一點

把後悔變薄一些

陪自己散步 跟自己說話
很小也可以，找回一些會讓自己快樂的事
撐過去這個難關
讓夕陽落下
再相信一次
明天會是新的自己

睡醒了一切好像可以重來
至少體能上會復原
煩惱的事會模糊一點
我們不會是全新的
但也因此有了故事

我與我們之間，只差一句晚安／爽爽貓 by SECOND 著．
—— 初版．—— 臺北市：大塊文化，2020.04
232 面；13×18.5 公分．——（CATCH；251）
ISBN 978-986-5406-62-2（平裝）
1. 自我實現 2. 生活指導

177.2 109002740

CATCH 251
我與我們之間，只差一句晚安

作者——爽爽貓 by SECOND｜圖文經紀——華研國際｜美術設計——Peter Chang｜主編—— CHIENWEI WANG｜總編輯——湯皓全｜出版者——大塊文化出版股份有限公司｜10550 台北市南京東路四段 25 號 11 樓｜www.locuspublishing.com｜讀者服務專線 0800-006689｜TEL (02) 87123898 FAX (02) 87123897｜郵撥帳號 18955675｜戶名——大塊文化出版股份有限公司｜E-MAIL——locus@locuspublishing.com｜法律顧問——董安丹律師、顧慕堯律師｜總經銷——大和書報圖書股份有限公司｜地址——新北市新莊區五工五路 2 號｜TEL (02) 89902588（代表號）FAX (02) 22901658｜製版——瑞豐實業股份有限公司｜初版一刷 2020 年 4 月｜初版二刷 2020 年 4 月｜定價 新台幣 380 元｜ISBN 978-986-5406-62-2｜